ANSELM GRÜN

Das Glück der Achtsamkeit

ANSELM GRÜN

Das Glück der Achtsamkeit

HERDER

FREIBURG · BASEL · WIEN

In die Achtsamkeit einzuführen ist das Ziel aller spirituellen Wege. Alle spirituellen Wege kennen die Achtsamkeit im Umgang mit Dingen, mit Menschen und mit dem Augenblick. Wenn wir achtsam sind, achten wir auf alles, was wir tun. Wir leben nicht einfach dahin. Wir sind ganz bei dem, was wir in die Hand nehmen. Wir nehmen wahr, was gerade ist.
Wenn wir uns beispielsweise mit Achtsamkeit waschen, wird uns bewusst, welches Geheimnis das Waschen ist. Wir reinigen uns von allem Schmutz, nicht nur von äußerem Schmutz, sondern vor allem von unserer inneren emotionalen Verschmutzung. Wir reinigen uns von dem, was unser ursprüngliches und unverfälschtes Bild trübt. Wir spüren das Wasser, das uns erfrischt und alles abwäscht, was unser wahres Bild verstellt.

Alles, was wir tun, bekommt durch die Achtsamkeit eine tiefere Bedeutung.

Unser Wort »achtsam« kommt von der indogermanischen Wurzel »ok«, das »nachdenken, überlegen« bedeutet. Achtsam sind also Menschen, die bei dem, was sie tun, überlegen, was da eigentlich geschieht. Sie leben nicht gedankenlos, sondern bewusst.
Manche Menschen entfernen sich in Gedanken von dem, was sie tun. Sie gehen spazieren, sind aber in Gedanken ganz woanders. Sie achten nicht auf den Weg, den sie gehen, oder auf die Schritte, die sie tun. Sie gehen vielmehr in den Räumen ihrer Fantasie spazieren.
Achtsamkeit würde bedeuten, dass wir ganz im Gehen sind. Wir nehmen jeden Schritt wahr. Was heißt gehen? Wir berühren die Erde – und gehen weiter. Wir bleiben nicht hängen. Gehen heißt, immer weiter zu gehen, nicht auszuruhen auf dem Erreichten, sondern im Gehen sich zu wandeln.

Wenn wir achtsam gehen, geht uns das Geheimnis des Gehens auf.
Dann erfahren wir das Gehen als Gleichnis für unser Leben.

Achtsamkeit hat auch mit Erwachen zu tun. Viele Menschen meinen, sie seien wach, in Wirklichkeit schlafen sie jedoch. Sie nehmen die Wirklichkeit nicht wahr, wie sie ist. Der indische Weisheitslehrer Anthony de Mello meint, Mystik sei Aufwachen zur Wirklichkeit. Manche Menschen verwechseln Mystik mit frommen Fantasiebildern. Sie flüchten sich in fromme Gedanken, um der Wirklichkeit auszuweichen. Die wahre Achtsamkeit besteht jedoch darin, aufzuwachen, endlich die Augen zu öffnen und die Wirklichkeit so zu sehen, wie sie in Wahrheit ist. Das griechische Wort für Wahrheit »alétheia« meint, dass der Schleier, der über allem liegt und das Wesen der Dinge verhüllt, weggezogen wird und wir auf den Grund schauen.

Aufwachen meint, sich nicht mehr mit dem Schleier der Illusion zu begnügen, den wir über alles gelegt haben, sondern hinter die Dinge zu schauen und die wahre Wirklichkeit des Lebens zu entdecken.

In dem deutschen Wort »achten« steckt auch die »Hochachtung«, die Wertschätzung. Wenn wir achtsam mit den Dingen umgehen, dann achten wir sie, dann sind sie uns wertvoll.

Der Mönchsvater Benedikt ermahnt seine Mönche, achtsam mit dem Werkzeug und mit allen Dingen umzugehen. Der Cellerar, der für das Wirtschaften zuständig ist, soll das gesamte Gerät des Klosters wie heiliges Altargerät behandeln. Er soll ein Gespür dafür entwickeln, dass alles heilig, dass alles von Gottes Geist durchdrungen, dass alles sein Geschenk ist. Wer das Gerät wie heiliges Altargerät behandelt, hat ein Gespür für den wahren Wert der Dinge.

In allem berühren wir letztlich die Urquelle: Alles ist Schöpfung Gottes und uns von ihm geschenkt. Im Thomasevangelium sagt Jesus zu seinen Jüngern: »Spaltet ein Stück Holz – ich bin da. Hebt den Stein auf und ihr werdet mich dort finden.«

Unter jedem Stein liegt ein Geheimnis.
Achtsam Lebende entdecken es.

Wenn wir achtsam durch eine Tür gehen, dann erahnen wir, was das heißt: Wir gehen von einem Raum in den anderen. Die Tür eröffnet uns einen neuen Raum. Wir verlassen etwas und gehen in etwas Neues. Jesus sagt von sich, er sei die Tür. Er verwirklicht in seinem Sein, was Achtsame beim Durchschreiten einer Tür erfahren: Die Tür führt uns in den Raum unserer Seele, in den Innenraum unseres Herzens.

In unserem Leben gehen wir über viele Schwellen. Wir betreten Neuland. Wir erschließen uns neue Räume, die wir noch nicht kennen. Die Tür öffnet und schließt. Wenn wir

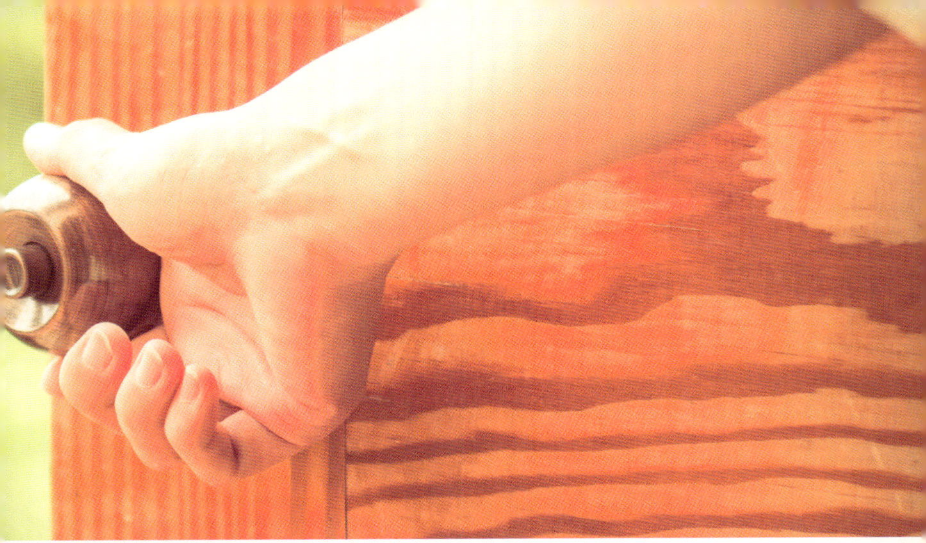

nach der Arbeit achtsam durch die Haustür gehen, schließen wir bewusst die Arbeit zu, um die Tür zur Familie zu öffnen, damit wir ganz präsent sind, wenn wir daheim ankommen. Viele bringen jedoch die Probleme der Arbeit mit nach Hause. Sie sind noch woanders.

Bewusst durch eine Tür zu gehen heißt, alles andere hinter uns zu lassen und uns ganz in den Raum zu begeben, den uns die Tür aufschließt.

Benedikt von Nursia liebt das Wort »custodire«. Es heißt »achten«, »Acht geben«, »wachen«, »bewusst wahrnehmen«. Zu den Werkzeugen der spirituellen Lebenskunst gehört es seinen Worten nach, jederzeit das eigene Tun und Handeln zu überwachen. Die Achtsamkeit ist für die benediktinische Tradition die spirituelle Übung schlechthin geworden.
Achtsamkeit gilt dem Werkzeug, mit dem wir umgehen. Sie gilt der Zunge, die oft unbedacht redet und damit Unheil anrichtet. Wir ärgern uns dann, wenn wir wieder etwas gesagt haben, was wir am liebsten für uns behalten hätten.

Wesentlich ist vor allem unsere Achtsamkeit den Gedanken und Gefühlen, den Emotionen und Leidenschaften gegenüber, die in uns eintreten möchten und dann unsere Worte bestimmen.

Ein schönes Bild für diese Achtsamkeit ist das des Türhüters. Es geht auf Jesus zurück, der von einem Mann spricht, der auf Reisen ging und seinen Dienern die Verantwortung für sein Haus übertrug. »Dem Türhüter befahl er, wachsam zu sein« (Markus 13,34).

So soll der Mensch ein guter Türhüter sein, der jeden Gedanken, der an die Tür klopft, befragt: »Gehörst du zu mir oder bist du mir feindlich gesinnt? Willst du mir etwas sagen oder willst du nur mein Haus besetzen und mich hinauswerfen?«

Auf unsere Gedanken achten – das ist eine wichtige Lebensübung. Denn mit dem Denken fängt alles an. Gedanken können heilsam sein, sie können uns aber auch schaden.

Wir brauchen die Achtsamkeit, den Wächter, der jeden Gedanken, der eindringen möchte in unser inneres Lebenshaus, daraufhin befragt, ob er uns gut gesonnen ist oder nicht, ob er ein Hausbesetzer ist, der sich in unserem Haus breitmacht und uns unser Hausrecht streitig macht. Der Wächter wacht. Er schläft nicht. Er schützt unser Haus, damit wir in Ruhe und Sicherheit darin wohnen können.

Gönnen wir uns gute Wächter für die Tür, die in unser Herz führt, und für die Zunge – für das Tor, das nach außen aufgeht und aus dem oft unüberlegte Worte kommen, die uns und anderen nicht guttun.

Custodire«, achtsam sein, heißt nicht, zu kontrollieren. Menschen, die ihre Gedanken kontrollieren möchten, werden sicher die Kontrolle über sie verlieren. Es geht darum, wach zu sein, achtsam und aufmerksam zu leben, in Berührung zu sein mit uns selbst und mit dem, was ist.
Die Psychologie hält die Beziehungslosigkeit für die größte Krankheit unserer Zeit und meint, die Menschen hätten die Beziehung zu sich, zu den Dingen, zu den Mitmenschen und zu Gott verloren. Menschen, die keine Beziehung zu den Dingen haben, gehen achtlos mit ihnen um.

Menschen, die unfähig sind, in Beziehung zu anderen zu treten, übersehen das Geheimnis ihres Gegenübers. Sie achten nicht auf die Regungen ihrer Seele.

Menschen, die die innige Beziehung zu sich selbst nicht kennen, sind nie bei sich, sind nie wirklich »zu Hause«. Sie sind überall und nirgends. Sie klagen darüber, dass sie sich allein und einsam fühlen. Aber sie sind nicht bei sich. Sie schenken sich selbst keine Nähe. Umso mehr sehnen sie sich nach der Nähe anderer Menschen. Doch wenn ihnen jemand zu nahe kommt, können sie die Nähe oft nicht ertragen. Versuchen Sie einmal, bewusst in Beziehung zu kommen zu dem, was Sie gerade tun, die Beziehung zu spüren zu dem, was Sie gerade berühren. Nehmen Sie die Beziehung wahr zu dem Baum, neben dem Sie stehen, zu der Blume, die vor Ihnen blüht. Sie werden entdecken, wie die Beziehung zu den Dingen alles in ein neues Licht taucht. Nehmen Sie die Beziehung zu dem Werkzeug wahr, das Sie in die Hand nehmen, zu Ihrem Computer, zu dem Buch, das Sie gerade lesen. Sie werden merken, dass es keine toten Gegenstände sind. Auf einmal beginnen sie zu leuchten. Sie werden wichtig für Sie.

Wenn Menschen die Beziehung spüren, werden sie von alleine achtsam mit den Dingen umgehen.

Für Menschen, die eine Beziehung aufgebaut haben zu einem Stein, den ihnen ein Freund oder eine Freundin geschenkt hat, beginnt der Stein auf einmal zu leben und zu sprechen. Er erzählt ihnen von seinen Freunden. Er erzählt von den Orten, an denen er gelegen hat, und er erzählt von seiner Sehnsucht, Teil eines großen Bauwerks zu werden, vielleicht von einem hohen Dom.

Ist es nicht berührend, wenn ein Handwerker begeistert erzählen kann von dem, was er beispielsweise im Holz eines Baumes wahrgenommen hat?
Er ist in Beziehung zum Holz. Er hat es ehrfürchtig berührt. Es ist wertvoll für ihn und liebenswert.

Achtsamsein ist keine Leistung, die wir vollbringen können. Vielmehr will uns die Achtsamkeit die Kunst lehren, intensiv zu leben; sie will uns zur »Lust am Leben« einladen. Menschen, die ganz im Augenblick leben, können ihn kosten und genießen. Für sie wird jeder Augenblick zur Erfahrung der Fülle des Lebens. Sie brauchen sich nur ins Gras zu legen und schon geht ihnen das Paradies der Farben und Formen auf. So rät der buddhistische Mönch Thich Nhat Hanh seinen Schülern. Er meint: Wenn wir nicht glücklich sind, dann liegt das an der fehlenden Achtsamkeit.

Menschen, die achtsam durch einen Herbstwald gehen, wird das Wunder der Farben aufgehen, die der Herbst ihnen vor Augen führt.

Der Herbst ist ein Maler, den wohl kein menschlicher Maler zu übertreffen vermag. Der Achtsame nimmt die vielen Wunder wahr, die ihm der Wald bietet, vor allem das Wunder des einfallenden Lichts. Wenn ich durch den Steigerwald wandere, bin ich immer fasziniert von dem Spiel des Lichts, das der Buchenwald inszeniert. Und ich staune immer wieder vor den hohen Buchen, die mir wie Säulen in einem gotischen Dom vorkommen. Ich wandere durch den

Wald wie durch einen hohen Dom. Ich schreite achtsam. Ich spüre: Das Geheimnis umgibt mich, die Weite, die Schönheit Gottes, die sich in der Schöpfung spiegelt.

Achtsame Menschen müssen nicht weit reisen. Ein einfacher Spaziergang birgt alles in sich, wonach das Herz sich sehnt.

Achtsamkeit ist auch ein Schutz vor dem Bösen, vor dem, was uns am Leben hindert. So fordert Benedikt von den Mönchen, dass sie sich allezeit in Acht nehmen »vor Sünden und Fehlern der Gedanken oder der Zunge, der Hände, der Füße oder des Eigenwillens wie auch der Begierden des Fleisches«. Das klingt für uns heute eher negativ.
Aber Benedikt rechnet damit, dass sich unser Denken und Reden, unser Handeln und unser Gehen verselbstständigen. Dann gehen wir nicht mehr achtsam selbst, sondern wir werden gegangen. Wir leben nicht, sondern werden gelebt. Wir sprechen nicht bewusst, sondern es sprudelt unkontrolliert aus uns heraus.

Menschen, die unbewusst und unbedacht reden und handeln, schaden sich selbst – und anderen.
Achtsamkeit bewahrt uns vor unbewusster Selbstschädigung.

Wir können Achtsamsein konkret einüben, indem wir bewusst und wachsam die Dinge unseres Alltags in die Hand nehmen. Wir gehen behutsam mit unserem Kugelschreiber um, mit unserem PC, mit den Büchern, die wir lesen. Wir verlassen achtsam unser Zimmer, nehmen bewusst die Schwelle wahr, über die wir in neue Räume hineingehen. Wir spüren die frische Luft. Wir nehmen die Sonnenstrahlen wahr, die uns wärmen. Wir sind in jedem Augenblick. Und wir sind in unseren Sinnen. Wir schauen, hören, riechen, betasten das, was wir in die Hand nehmen.
Es ist eine einfache Übung, achtsam mit allem umzugehen. Dieses konkrete Üben sammelt uns. Es bringt uns in Berührung mit den Dingen und mit uns selbst.

Achtsame Menschen spüren sich auf neue Weise. Sie sind ganz gegenwärtig. Sie fühlen sich lebendig.

Ein wichtiger Aspekt des Achtsamseins liegt darin, dass wir das, was wir tun, was wir berühren, was wir erleben, nicht bewerten. Achtsame Menschen bewerten auch ihre Gedanken nicht, die in ihnen auftauchen. Sie nehmen nur wahr, was ist, ohne es gleich zu beurteilen. Es ist so, wie es ist. Sie versuchen, es zu berühren und zu spüren, wie es sich anfühlt.

Viele Menschen kommen nicht zur Ruhe, weil sie alles, das sie tun, sofort bewerten. Und meist entspricht ihr Handeln nicht dem Urteil ihres Verstandes. So sind sie unzufrieden.

Wenn wir achtsam spüren, bewerten wir nicht. Wir kommen einfach in Berührung mit den Dingen. Und was wir wahrnehmen, ohne es zu bewerten, das können wir auch loslassen.

Achtsame Menschen verzichten darauf, gegen ihre Gedanken zu kämpfen. Sie nehmen sie wahr und lassen sie sein. Dann verziehen sich die Gedanken von alleine. Oder sie wandeln sich. Auf jeden Fall werden sie uns nicht mehr im Griff haben.

Achtsamsein hängt eng mit Behutsamsein zusammen. Menschen, die achtsam mit den Dingen umgehen, sind auch behutsam. »Behutsam« kommt von »Obhut, Bewachung, Fürsorge«. Behutsame Menschen sorgen für das, was sie tun. Sie achten darauf, dass alles gut geht.
Im Wort »behutsam« steckt auch der »Hut«. Wir bedecken etwas schützend, wenn wir es behutsam behandeln. Wir setzen es nicht den Angriffen feindlicher Mächte aus.

Behutsame Menschen, die etwas in die Hand nehmen, halten ihre Hand schützend darüber.

Die beiden Worte »achtsam« und »behutsam« haben die gleiche Nachsilbe »sam«. »Sam« bedeutet »mit etwas übereinstimmen«. Achtsame Menschen stimmen mit dem überein, was sie tun. Und sie sind gesammelt bei dem, was sie tun. Sie bringen sich selbst und das zusammen, was sie berühren. Und sie sind auch in sich selbst gesammelt. Sie vereinigen in sich, was sonst auseinanderstrebt. Sie lassen sich nicht zerstreuen, sondern sind bei sich und in Berührung mit sich selbst und dem, was ist.
»Sam« hängt auch mit »sanft« zusammen. Sanfte Menschen passen gut zusammen mit anderen Menschen. Sie leben friedlich miteinander. Und sie gehen sanft um mit den Dingen. Sie spüren die Einheit mit dem, was sie tun und berühren. Sie gehen sanft mit all ihren Werkzeugen um.

Sanfte Menschen fühlen sich verbunden mit dem, was sie in die Hand nehmen.

Sanft sind Menschen, die zusammen sind mit sich selbst, mit den verschiedenen Bedürfnissen und Wünschen ihrer Seele und mit ihren Leidenschaften und Emotionen. Sanfte Menschen leben in Frieden auch mit den Gegensätzen in ihrem Herzen. Sie gehen sanft um mit anderen, weil sie die innere Verbindung mit ihnen spüren.
Menschen, die mit anderen und Dingen in Verbindung sind, sind sanft. Sie brauchen sich nicht vor Grobheit und Härte zu hüten. Die Achtsamkeit entspringt ihrer Sanftheit,

ihrer Beziehung zu den Dingen, zu sich selbst und zu ihren Mitmenschen. Und sie ist Ausdruck ihres Zusammengehörigkeitsgefühls.

Achtsame und behutsame Menschen fühlen sich mit allem eins. Sie fühlen sich zugehörig zur Welt, zu den Dingen und zu den Menschen.

Evagrius Ponticus, der wichtigste Schriftsteller des frühen Mönchtums (345–399), hat die Sanftheit als Ausdruck echter Spiritualität beschrieben. Ein grober Mensch zeigt seiner Meinung nach nur, dass er von Spiritualität nichts verstanden hat. Er kann noch so asketisch sein, es wird ihm nichts helfen, weil er nicht in Berührung ist mit sich und den Menschen; er kämpft gegen sich und fühlt sich nicht eins mit sich. Evagrius Ponticus preist die Sanftmut Jesu, der einlädt, sanftmütig und demütig von Herzen zu werden (Matthäus 11,29).
Das deutsche Wort »Sanftmut« zeigt, dass Mut erforderlich ist, um sanft zu sein, um mit den Gegensätzen der eigenen Seele verbunden zu bleiben und friedlich zusammenzuleben. Und es ist Mut nötig, um die Beziehung zu den Menschen durchzuhalten, und zwar auch dann, wenn sie sich feindselig verhalten.

Wir brauchen Mut, um sanft zu bleiben mit uns selbst und den Menschen und um achtsam und behutsam umzugehen mit allem, was ist.

Sanftmut und Achtsamkeit gehören zusammen. Achtsame und sanftmütige Menschen achten auf den Augenblick. Sie haben Hochachtung vor jedem Lufthauch, vor allem, was sie in die Hand nehmen, vor dem Pullover, den sie achtsam anziehen, oder vor der Brille, die sie aufsetzen. Sie gehen behutsam ihren Weg. Sie ziehen den Hut vor jedem Schritt, den sie gehen. Denn jeder Schritt führt zum Leben, wenn wir ihn nur achtsam genug gehen.

Achtsamkeit, Behutsamkeit und Sanftmut sind Türen zum wahren, bewussten Leben.

Wenn Sie diese Zeilen achtsam gelesen und die Bilder betrachtet haben, werden Sie vielleicht keine ganz neuen Erkenntnisse erlangt haben. Aber womöglich fühlen Sie sich jetzt anders. Vielleicht hat Sie das achtsame Lesen ruhiger gemacht. Es hat Sie in eine andere Welt eintauchen lassen.
Versuchen Sie nun nach dem Lesen, einmal ganz langsam durch den Raum zu gehen. Denken Sie nicht an das, was Sie gelesen haben. Versuchen Sie nur das, was Ihnen beim Lesen aufgegangen ist, wie eine mit Wasser gefüllte Schale ganz langsam durch den Raum zu tragen. Gehen Sie langsam jeden Schritt, sodass Sie das Wasser nicht verschütten. Dann werden Sie spüren, dass Sie etwas Kostbares in sich und mit sich tragen.

Achten Sie darauf, diesen Schatz nicht achtlos wegzuwerfen, sondern achtsam zu tragen und den Menschen davon auszuteilen, denen Sie begegnen.

www.herder.de

Überarbeitete Neuausgabe des gleichnamigen,
2004 im Verlag Herder erschienenen Titels.

Gesamtgestaltung, Satz und Bildredaktion:
Christina Kölsch, www.christinakoelsch.de

Fotografie Einband: fotohunter/Shutterstock.com
Fotografien Innenteil: S. 4: Barbara Dudzinska/Shutterstock.com; S. 7: Valeri Potapova/Shutterstock.com; S. 8: Subbotina Anna/Shutterstock.com, S. 11: Mihai Daniel/Shutterstock.com; S. 12-13: Seksun Guntanid/Shutterstock.com; S. 15: Silken Photography/Shutterstock.com; S. 16: Rob Wilson/Shutterstock.com; S. 19: Tracey Helmboldt/Shutterstock.com; S. 20: David M. Schrader/Shutterstock.com; S. 23: Khongtham/Shutterstock.com; S. 24: Carlos Amarillo/Shutterstock.com; S. 27: Mny-Jhee/Shutterstock.com; S. 28-29: Shutova Elena/Shutterstock.com; S. 31: Montypeter/Shutterstock.com; S. 32: ElenaGaak/Shutterstock.com; S. 35: Lonspera/Shutterstock.com; S. 36: Gajus/ Shutterstock.com; S. 39: zakalinka/Shutterstock.com; S. 40-41: Tiramisu Studio/Shutterstock.com S. 43: Nuk2013/Shutterstock.com; S. 44: Dubova/Shutterstock.com; S. 47: NADKI/Shutterstock.com

Herstellung: Graspo CZ, Zlín

Gedruckt auf umweltfreundlichem, chlorfrei gebleichtem Papier

Printed in the Czech Republic

ISBN 978-3-451-37841-6